JULES NICOLET

JULES NICOLET

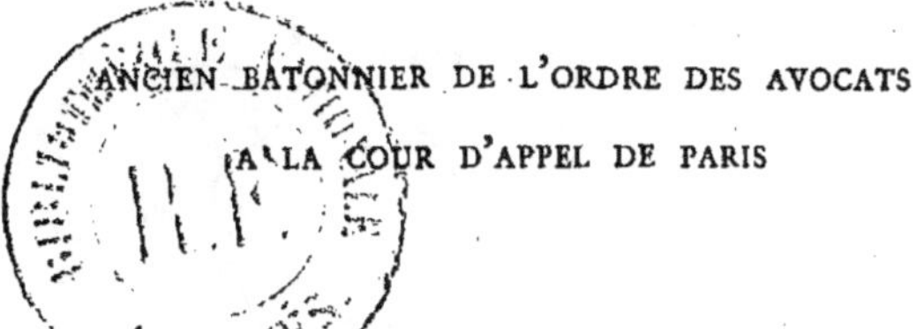

ANCIEN BÂTONNIER DE L'ORDRE DES AVOCATS

A LA COUR D'APPEL DE PARIS

JULES NICOLET

Le Barreau français, en perdant M. Nicolet, a fait une perte irréparable. De
longtemps la barre ne retrouvera un
talent si personnel et si original.

Nul plus que lui ne s'est entouré de disciples.
Aucun d'eux pourtant ne rappellera la manière
du maître. C'est qu'il les formait en respectant
leur nature et leur tempérament. Il avait con-
science que l'imitation de ses procédés pouvait
être dangereuse; jamais il ne l'imposa, dédai-
gnant les pastiches, n'aimant guère les copies
fidèles. Comme il avait son génie, il aurait voulu

que tous ses secrétaires eussent le leur, et bien qu'il ait été peut-être, de nos jours, au Palais, le patron le plus utile, il n'a pas été chef d'école.

Il est mort tout entier, emportant avec lui le secret de son art, brisant, pour ainsi dire volontairement, au moment suprême, le moule de tant de plaidoiries admirables, qu'il n'avait empruntées à personne et qui resteront sans imitateurs.

Jules NICOLET naquit le 19 février 1819. Il était Parisien, et l'on ne conçoit pas qu'il ait pu naître ailleurs qu'à Paris.

Élevé par une mère d'un rare mérite, il conserva toujours l'empreinte de cette nature aimante. Pauvre mère! elle vit encore, après avoir vu mourir deux fils sa joie et son orgueil! elle ne vit que par la tendresse et les soins de celui qui lui reste.

Le jeune Nicolet fit de brillantes études au collège Rollin et obtint, au concours général, un prix de discours français qui a décidé de son avenir.

Le sujet de la composition était la défense de Walter Raleigh prononcée par lui-même. Le célèbre navigateur anglais, après avoir découvert la Virginie, avait été condamné à mort comme coupable de haute trahison. Après douze ans de détention à la Tour de Londres, il fut chargé par le roi d'une nouvelle expédition qui échoua. Poursuivi à son retour, ses ennemis demandaient contre lui l'exécution de la condamnation depuis si longtemps suspendue.

Walter Raleigh devait soutenir, dans son plaidoyer supposé, que cette condamnation était purgée par les faits postérieurs :

« …Était-ce donc un condamné à mort qui, commandant de toute une escadre sous le glorieux pavillon britannique, traversait en maître tout l'Océan et conduisait pour la quatrième fois une armée navale en Amérique? Était-ce donc un condamné à mort que l'on chargeait de fonder pour la Grande-Bretagne une colonie et un empire? Proclamez donc, milords, proclamez en face de l'Europe que le roi Jacques Ier avait choisi pour le représenter, lui et la nation anglaise, sur sa flotte et dans le nouveau monde, un traître, un homme qu'il savait vendu à l'Espagne, un misérable condamné à mort! Vendu à l'Espagne, milords! Certes, autrefois, une telle accusation soulevait dans mon cœur toute mon indignation; maintenant elle n'excite plus en moi que le sourire du dédain. Condamné autrefois pour avoir conspiré avec des Espagnols, je vais subir ma sentence pour les avoir trop bien combattus ! Étrange contradiction qui, elle seule, me justifie !... »

On retrouve dans l'œuvre du jeune rhétoricien quelques-unes des qualités qui ont marqué le talent de l'avocat, les mouvements redoublés, l'argumentation nerveuse, pressée, et déjà l'éloquence émue et passionnée.

M. Defauconpret, directeur du collège Rollin, était bon juge : il détourna résolument son élève de la carrière scientifique qui avait paru le séduire. Plus tard, au milieu de ses plus grands succès, Nicolet aimait à parler de son goût pour les sciences, — pour les sciences naturelles sans doute, — car j'ai peine à me figurer cette âme d'artiste, cette imagination de poète emprisonnée dans les limites rigoureuses des formules algébriques.

Fixé sur le choix de sa profession, il eut le courage de l'aborder par le côté le moins attrayant. Il « pratiqua » la procédure dans l'étude de Me Denormandie, dont le nom se perpétue avec honneur, depuis plus d'un siècle, au Palais.

Là, comme à Rollin, il noua de solides amitiés qui lui restèrent fidèles toute sa vie.

A l'école, il passa rapidement les examens et dédia sa thèse de licence à ses parents, et à M. Defauconpret, auquel il avait voué une reconnaissance éternelle.

Inscrit au stage le 4 juin 1842, il débuta bientôt à la Conférence des avocats, où il retrouvait comme rivaux ses deux « camarades de pupitre » à l'étude d'avoué, de Forcade La Roquette, que les affaires publiques devaient enlever au Palais, et M. Chamblain, réservé au Conseil d'État.

La Conférence était présidée par Chaix-d'Est-Ange. On imagine l'influence qu'un tel maître exerça sur Nicolet.

A peine avait-il goûté les honneurs si enviés du secrétariat que l'occasion de faire ses preuves dans une grande affaire, cette occasion que tant d'autres ont attendue toute leur vie, se présenta. Il ne la laissa pas échapper. Lui, si discret sur le bien qu'il faisait, ne se croyait pas obligé à la même réserve envers ses bienfaiteurs. Il racontait volontiers comment, dans cette grave circonstance, il avait été comblé de la bienveillance d'un de nos anciens. Laissons-lui la parole :

« Il s'agissait d'une fort grosse affaire pendante devant la première chambre de la Cour présidée par Séguier, de la liquidation d'une entreprise projetée et commencée même avant 1830 pour l'ouverture d'un canal maritime du Havre à Paris. C'était à qui s'en retirerait sain et sauf ou le moins malade possible.

« Un ami de la famille, dont les intérêts étaient compromis dans l'affaire, demanda au jeune avocat de débrouiller le chaos pour mettre au courant des choses l'excellent avocat Fontaine, d'Orléans, qui devait plaider pour M. de Bourmont et pour lui, et auquel le temps devait manquer pour les bien approfondir.

« L'offre acceptée, une énorme caisse arriva chez Nicolet qui ne fut point effrayé de son ampleur et en dévora le contenu. Le travail achevé, et il avait été dur, il alla voir M. Fontaine et s'excusa de la hardiesse qu'il avait eue de se faire son secrétaire, peut-être à son insu. Puis il lui exposa l'affaire.

« Puis-je espérer, dit-il en terminant, que ce
« travail vous sera utile? — Il me l'eût été beau-
« coup, mon cher confrère, mais il me l'est beau-
« coup moins maintenant. — Pourquoi donc,
« Monsieur? — Parce que c'est vous qui plaiderez. »

« Le jour de la plaidoirie arrivé, il ne fallut pas

moins que l'assistance de Me Fontaine, qui était venu se placer à ses côtés, prêt à le soutenir, pour donner du cœur au débutant. L'importance du procès, la foule et la qualité des auditeurs, enfin la brusquerie redoutée du président de la Cour, tout contribuait à l'émouvoir. Un nuage lui passa devant les yeux quand il se leva pour prendre la parole ; mais sa résolution était prise : il devait profiter de cette occasion unique ou rester dans les rangs de la multitude. Il plaida et plaida pendant trois heures, encouragé dès les premières phrases par Séguier lui-même que son émotion avait touché, et lorsqu'il cessa de parler la Cour le complimenta. »

Il avait lutté contre Billault, triomphé et marqué sa place.

Mais ce n'était pas assez pour Nicolet d'entrer seul, sans appui, sans patronage, dans la plus difficile des carrières. N'ayant pas de ressources patrimoniales, il se fia à ses seuls efforts, et se donna avec joie « le luxe heureux des charges domestiques », à un âge où tant d'autres hésitent et diffèrent. Il avait trouvé une compagne digne de lui, capable de comprendre et de partager les émotions de sa noble profession, artiste comme lui, comme lui ayant foi dans l'avenir, et dont le talent devait grandir avec le sien.

Pendant les premières années, les honoraires de l'avocat fournissaient à peine le nécessaire au ménage, mais il avait le bonheur par surcroît.

La révolution de 1848, en appelant un grand nombre de nos confrères aux fonctions publiques, ouvrit un champ plus vaste à ceux qui étaient restés fidèles au barreau. Nicolet fut un des mieux partagés, parce qu'il était un des mieux préparés. Pendant dix ans, il plaida de nombreuses affaires, luttant journellement avec les maîtres illustres que le retour des événements avait ramenés parmi nous, les Delangle, les Hébert, les Dufaure. Il était déjà un des avocats les plus occupés, que son nom n'avait pas encore franchi l'enceinte du Palais; une affaire retentissante l'en fit sortir.

En 1858, lors de l'attentat d'Orsini, il fut chargé d'office de la défense de Gomez, un des complices du patriote italien, et, même après Jules Favre, il fut écouté.

Désormais il était au premier rang.

Les grandes causes affluèrent dans son cabinet. Dans l'affaire des machines à glace et dans celle de l'injecteur Giffard, qu'il plaida contre Me Senard, on admira ses démonstrations scientifiques. Le procès de Montmorency le mit aux prises avec Berryer et Dufaure. Les affaires Millaud et Lespes et celles des obligations mexicaines du Trésor révélèrent son aptitude pour les questions de finances. Dans les débats sur la succession de Grammont-Caderousse, il se mesura avec M⁰ Allou. Il s'éleva à une grande hauteur dans l'importante affaire des chaises de l'Exposition, où il avait pour adversaire la commission impériale présidée par M. Rouher. Enfin il déploya une singulière énergie contre les administrateurs du Crédit mobilier et de la Société immobilière.

Dans ces grandes causes, comme dans celles qu'il plaidait tous les jours, Nicolet se distinguait par la pureté et l'élégance de la forme, l'élévation et l'ardeur généreuse des sentiments. Homme d'affaires consommé, il étonnait par la variété et la souplesse de son talent. Les causes les plus ardues ne le rebutaient pas; dans toutes, il savait faire la lumière et donner de l'intérêt aux sujets qui en offrent le moins.

Et ses notes d'audience, avec quel amour il les ciselait! Elles étaient coquettes, soignées, comme toute sa personne. Le fond, d'ailleurs, n'était pas sacrifié à la forme : ordonnancement savant de la plaidoirie, indication des transitions, tout y était ; et le juge pouvait, au délibéré, retrouver la robuste charpente et les solides substructions de l'édifice dont il avait admiré la grâce à l'audience.

Coloriste passionné, il n'a jamais sacrifié le dessin à la couleur. Avec quel soin il dressait son plan ! avec quelle précision il en arrêtait les lignes ! avec quelle logique et quelle vigueur il en poursuivait tous les développements !

Vous avez conservé le souvenir de cette voix pleine de charme dont il se servait avec un art prodigieux. Que de fois j'ai vu des indifférents entrer à l'audience au milieu de ses plaidoiries, s'arrêter avant même d'avoir compris, écouter et demeurer comme en extase. Ils étaient séduits par l'harmonie et retenus par l'éloquence.

Vous le voyez encore au Palais, soit à la barre, soit dans la salle des Pas-Perdus, avec cet air affable et souriant qui lui gagnait de suite la sympathie. Laissez-moi vous le montrer dans son cabinet, au milieu de ses clients, au milieu de ses secrétaires, qu'il appelait ses « enfants », parce qu'il les aimait et en avait fait des membres de sa famille. Ceux qui ont joui de cette collaboration précieuse ne me démentiront pas. Nul n'a mieux que lui compris le patronage, nul ne l'a mieux pratiqué.

C'est en songeant à lui qu'un de ses secrétaires[1] a écrit ces lignes, qu'il me pardonnera de lui emprunter pour rendre ici un pieux hommage à la mémoire de notre maître :

« ..... Il aimait à travailler avec de jeunes confrères, à s'aider de leurs travaux en les instruisant, et tenait pour maxime que le cabinet de l'ancien est l'école de l'avocat. Les clients étaient étonnés des rapports du patron avec ceux qui se disaient ses secrétaires et qu'il n'appelait jamais que ses confrères. — Comment, en effet, le public pourrait-il concevoir cette collaboration des jeunes avec l'ancien, dont aucune autre profession ne saurait donner l'idée? Il n'y a là ni la subordination ordinaire, ni la hiérarchie officielle : ce n'est pas la dépendance de clerc à maître, ni la soumission de l'élève au professeur; non, ce n'est rien de ce que le monde pratique ou connaît : c'est le patronage.

« Le patron n'exige rien, et le secrétaire doit tout. Quel singulier contrat que celui qui ne lie pas ces deux hommes et établit entre eux des rapports que la mort seule est capable de briser ! Il faut chez le jeune homme l'ardeur au travail, un dévouement absolu, une discrétion à toute

1. M. Tommy Martin, *Éloge de Dupin aîné.*

épreuve, et cette fleur de délicatesse que le moindre souffle pourrait faner. Mais chez le patron, c'est la vertu même que le patronage exige. Imagine-t-on qu'un homme accepte librement des témoins perpétuels de son travail, de sa pensée, de sa vie? Il ne leur cache rien, parce qu'il n'a rien à cacher; son existence entière est un enseignement, et au milieu du tourbillon des affaires, des scandales, des hontes qu'elles dévoilent, de la tristesse et de l'amertume qu'elles inspirent, il leur fait admirer la sérénité d'un sage, dont le labeur dépasse ce que l'imagination peut concevoir :

« L'esprit toujours présent, le cœur toujours ouvert... »

Voilà les traditions du patronage telles que Nicolet les a pratiquées, les devinant sans les avoir reçues de personne et telles qu'il eût souhaité, sans doute, de les transmettre! J'en atteste sa mémoire! malgré son horreur du plagiat, il pardonnerait à ses anciens collaborateurs de chercher à l'imiter, au moins en ce point.

Je ne puis sans émotion me rappeler ces longues et laborieuses soirées passées dans son cabinet. Avec lui, le travail était une fête. Le client est là, anxieux. Pendant des semaines, il a travaillé avec le secrétaire chargé de dépouiller le dossier. Celui-ci a préparé sa note d'audience; il a la parole pour exposer l'affaire devant un juge unique et bienveillant, qui l'écoute, le reprend, le dirige, et résume les débats avec une sûreté, une clarté merveilleuses. En quelques heures, il s'est approprié le travail de plusieurs jours; aucun détail ne lui a échappé, et le client ravi constate avec stupéfaction que son avocat, avec lequel il n'a pas encore conféré, connaît mieux l'affaire qu'il ne la connaît lui-même! Le lendemain Nicolet est prêt; ses notes sont faites : la nuit a suffi à ce travailleur infatigable; et son modeste collaborateur reçoit la récompense de ses efforts en entendant plaider le maître, en assistant à son triomphe.

Après des mois si remplis, l'heure des vacances arrivait. Nicolet les saluait avec bonheur. Un de ses collaborateurs les plus chers [1], qu'il a eu la joie de voir s'asseoir à ses côtés, au conseil de notre ordre, a fait un récit charmant de ce temps heureux :

« Les vacances, si importantes dans la vie judi-

---

1. M. Ernest Cartier.

ciaire, si nécessaires à l'avocat par le repos qu'elles procurent à son esprit surexcité, par l'apaisement rendu à ses nerfs, par la détente de tout son être, Nicolet les passait au bord de la mer, dans une charmante maison de campagne qu'il s'était fait construire à Villerville, non loin de Trouville.

« Là, tout en jouissant des beautés d'une nature incomparable dont il avait le sentiment profond, il goûtait le plaisir, plus vif à ses yeux, de réunir autour de lui ses amis. C'est principalement parmi les artistes et les hommes de lettres qu'il recrutait ses hôtes, tous choisis avec soin, tous dignes de son intimité par le talent et la dignité du caractère. On y voyait de futurs membres de l'Institut, comme Félicien David, et, inconscient encore de sa gloire future, promis, sans s'en douter, aux palmes académiques, son plus ancien et son plus cher ami, M. le bâtonnier Rousse.

« Secondé par sa femme, Nicolet pratiquait l'hospitalité avec une simplicité charmante et une bonne grâce exquise. Laissant à tous une entière indépendance, il étudiait les goûts et les habitudes de chacun, pour que dans sa maison ses amis pussent en quelque sorte se croire chez eux. On était agréablement surpris, en rentrant dans

sa chambre, de trouver, à côté des mille raffine-
ments du confort que multipliait une ingénieuse
prévoyance, l'auteur favori dont on avait parlé
la veille, le poète aimé dont on avait cité les
vers.

« Et quel art délicat de faire valoir ses hôtes!
Quel soin attentif à mettre en relief leurs talents
divers! Quel tact dans l'éloge, quelle finesse et
quelle sûreté de goût dans la critique des œuvres
à l'éclosion desquelles il assistait, que parfois
même il avait inspirées!

« Mais, au-dessus de ces qualités d'une intelli-
gence d'élite, quel cœur, quelle sensibilité vraie,
quelle affection sincère pour ceux qui l'entou-
raient! Pour rendre sensible aux yeux ce penchant
de son âme aimante, un artiste de ses amis l'avait
représenté, dans un dessin familier, entouré de
mains qui se tendaient vers lui et que les siennes
cherchaient à saisir.

« C'est ainsi que, dans sa jolie villa, au sein
de la nature la plus gracieuse, au milieu des
jouissances de l'art et des douceurs de l'amitié,
coulaient délicieusement pour lui les instants que
lui laissait la vie dévorante du Palais. Heures for-
tunées, comme toutes les joies de ce monde, trop
vite évanouies! Elles marquent peut-être le point
le plus élevé, et comme le zénith de cette

brillante carrière. Jeune encore (il avait un peu plus de quarante ans), déjà célèbre, voyant sa réputation s'étendre et son nom grandir chaque jour, Nicolet offrait à ceux qui l'ont connu à cette époque la parfaite image de l'homme heureux, mais d'un heureux dont le bonheur, conquis par le travail, ennobli par la générosité du caractère, ne provoquait autour de lui que sympathie et respect. »

Impressionnable et nerveux comme l'était Nicolet, il ne put supporter sans en être atteint les malheurs de la patrie. Il contracta durant ces mortelles angoisses du siège le germe de la maladie qui devait attrister les dernières années de sa vie. Il résista d'abord avec une si grande énergie qu'on put se faire illusion sur la gravité du mal. Ne fallait-il pas, d'ailleurs, qu'il arrivât au bâtonnat, ce glorieux couronnement de la carrière d'avocat? Les quelques susceptibilités qu'avaient éveillées ses précoces succès s'étaient effacées, et, chose assez rare dans nos annales, Nicolet fut nommé d'un consentement universel.

Le bâtonnat fut sa joie suprême, et nous avons pu croire qu'il était sauvé en l'entendant prononcer ce discours de rentrée qu'on a si justement appelé un « hymne à la jeunesse ». Il y a mis toute son âme! Incapable d'un calcul égoïste, il aimait la jeunesse, parce qu'elle est aimable; il l'aimait sincèrement, profondément, pour elle-même. Aussi avec quel empressement, avec quelle respectueuse affection les stagiaires l'accueillirent à la Conférence!

Il la présidait avec bonheur. Nulle part plus que là, au milieu de ces luttes courtoises où le fond peut, sans trop de danger, le céder à la forme, notre bâtonnier ne répandit avec plus d'abondance les trésors d'une nature enchanteresse. En quelques mois, la Conférence fut comme transformée.

Le choix des questions le préoccupait. D'avance il souriait à celles qui ouvraient le champ aux passions oratoires, aux diversions littéraires. Il tolérait, d'ailleurs, qu'on parlât du droit, pourvu qu'on n'en parlât pas trop. Pourquoi les stagiaires auraient-ils tenté de refaire les cours qu'ils venaient d'entendre à l'école! Plaidant pour l'amour de l'art, c'est à l'art surtout qu'il fallait sacrifier!

Avec quel tact et quelle finesse il faisait la « mercuriale »! Ses critiques, qui instruisaient l'auditoire, avaient le secret de satisfaire ceux mêmes qui en étaient l'objet, en leur laissant ouverte la porte de l'espérance.

Me sera-t-il permis, après le portrait que M. le bâtonnier Barboux a tracé d'une main si magistrale, de vous offrir une esquisse de celui que j'ai tant aimé?

Généreux, confiant, ouvert, il a sans mesure fait des ingrats qui l'ont parfois calomnié, et sa tombe gardera le secret d'innombrables bienfaits dont il s'est tu. Prodigue de son amitié, la simplicité de son cœur était telle qu'il se croyait l'obligé de ceux qu'il obligeait lui-même.

Il aimait ses amis jusqu'au sacrifice, et les défendait dans les circonstances les plus délicates. Un jour, oubliant qu'il était à Compiègne, il répondit à une attaque dirigée contre un confrère qui lui était particulièrement cher, et le panégyrique de Jules Favre sortit de sa bouche avec une si parfaite sincérité, que personne, pas même l'empereur, n'en fut étonné ni blessé.

Il avait pour la politique très peu de goût, mais un attachement invincible à sa profession :

« Ce qui me rend notre profession particulièrement chère, disait-il, ce qui lui donne à mes yeux sa véritable valeur, c'est qu'elle nous habitue à mettre au-dessus de toutes les puissances de ce monde la souveraineté du droit... »

Ce qu'il appelait le « droit », c'était plutôt l'équité ou le droit naturel, ce droit dont il avait l'instinct si vif, qu'on n'enseigne ni n'apprend à l'école.

En général, Nicolet aimait mieux faire le mémoire à consulter que la consultation. Il se fiait plus aux ressources de son fécond esprit qu'aux règles abstraites du droit positif.

Je ne le vois pas à la Cour de cassation.

Mais comme il exposait et discutait !

Sa plaidoirie était réglée par une rhétorique savante, qui ne livrait rien au hasard, mais laissait parfois entrevoir un peu d'apprêt. Ne lui enlevez pas cette petite pointe d'affectation qui est comme le bouquet de son talent ! C'est une partie de sa nature. Boucher et Watteau sont-ils toujours simples ? Ils sont toujours élégants et gracieux.

Une action désintéressée, un beau vers, une pensée éloquente, le transportaient. Il se retrempait au théâtre ou dans le commerce des poètes.

Il avait l'esprit libéral dans le sens le plus élevé du mot. Jamais les passions politiques au milieu desquelles il a vécu ne sont parvenues à faire taire ce libéralisme. On vit un jour se rencontrer à la porte de son cabinet Mme Rouvier, qui venait lui demander de défendre son mari, et le R. P. Dulac, directeur de l'école de la rue des Postes.

La cause acceptée, avec quelle ardeur il la plaidait ! Comme un soldat, il montait à l'assaut, et son énergie sans pareille lui a valu ses plus belles victoires.

Son discours à l'inauguration de la statue de Berryer fut la dernière : le barreau tout entier la partagea avec lui.

Presque aussitôt ses souffrances devinrent telles qu'il dut quitter le Palais, et déjà il pouvait envisager sa fin prématurée. Pendant dix-huit mois, il lutta courageusement contre le mal qui l'envahissait. Souvent il songea avec envie au sort de Paillet tombé à la barre ! En vain les médecins lui conseillèrent le soleil du Midi, il nous revint plus affaibli.

Durant cette lente agonie, il eut du moins la plus douce des consolations, veillé sans relâche, et réconforté contre une mort cruelle par deux sœurs de charité incomparables, qu'il appelait ses anges gardiens, sa femme et sa fille.

Ne pouvant plus lire ni recevoir ses amis, il demandait à la musique un adoucissement à ses maux, écoutant en souriant ses enfants qui lui redisaient les morceaux préférés. Son âme, emportée par ces divines harmonies, se tournait vers l'infini.

Jules Nicolet est mort à Paris, le 10 septembre 1880, à l'âge de soixante et un ans.

ALBERT MARTIN.

Cette notice a été lue le 18 décembre 1880 à l'assemblée générale de l'Association amicale des secrétaires et anciens secrétaires de la Conférence des avocats, à Paris.

A PARIS

DES PRESSES DE D. JOUAUST

Imprimeur breveté

Rue Saint-Honoré, 338